THE USBORNE
FIRST
THOUSAND
WORDS
IN POLISH

Heather Amery

Illustrated by Stephen Cartwright

Revised edition by Mairi Mackinnon
Picture editing by Mike Olley
Polish language consultant: Dominika Boon

There is a little yellow duck to look for on every
dout   nd it?

3 0116 01892842 2

Stephen Cartwright's little yellow duck made his first-ever appearance in *The First Thousand Words* over thirty years ago. Duck has since featured in over 125 titles, in more than 70 languages, and has delighted millions of readers, both young and old, around the world.

This revised edition first published in 2013 by Usborne Publishing Ltd, 83-85 Saffron Hill, London EC1N 8RT. www.usborne.com
Based on a previous title first published in 1979. Copyright © 2013, 1995, 1979 Usborne Publishing Ltd.

The name Usborne and the devices ♀ ⊕ are Trade Marks of Usborne Publishing Ltd. All rights reserved.
No part of this publication may be reproduced, stored in a retrieval system or transmitted in any form or by any means,
electronic, mechanical, photocopying, recording or otherwise, without the prior permission of the publisher. UKE

About this book

The First Thousand Words in Polish is an enormously popular book that has helped many thousands of children and adults learn new words and improve their Polish language skills.

You'll find it easy to learn words by looking at the **small labelled pictures**. Then you can practise the words by talking about the large central pictures. You can also **listen to the words** on the Usborne website (see below).

There is an alphabetical **word list** at the back of the book, which you can use to look up words in the picture pages.

Remember, this is a book of a thousand words. It will take time to learn them all.

Reading Polish words

Polish words can look quite tricky to an English speaker, especially when they have sounds like **cz** or **sz** together, but once you know a few basic rules, Polish pronunciation is actually quite regular.

Accents

Some Polish words have accents – signs that are written over, across or under the letter. These change the sound of the letter. In Polish dictionaries, accented letters are treated as different letters, so when you look for a word in a dictionary or on pages 56-64 of this book, you'll find all the words beginning with **ł** after the words beginning with **l**, and so on.

"A" or "the"

There isn't a separate word for "a" or "the" in Polish, so for example **stół** can mean either "a table" or "the table" – when you use the word in a sentence, it will be clear which you mean.

How to say the Polish words

The best way to learn how to pronounce Polish words is to listen to a native Polish speaker. You can hear the words in this book, read by a native speaker, on the Usborne Quicklinks website. Just go to **www.usborne.com/quicklinks** and enter the keywords **1000 polish**. There you can also find links to other useful websites about Poland and the Polish language.

Please note that Usborne Publishing is not responsible for the content of external websites. Please follow the internet safety guidelines on the Usborne Quicklinks website.

farby

butelki

złote rybki

helikopter

układanka

czekolada

Dom

wanna

mydło

kran

papier toaletowy

szczoteczka do zębów

woda

toaleta

gąbka

umywalka

prysznic

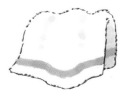

ręcznik

łóżko

Łazienka

Salon

pasta do zębów

radio

poduszka

płyta DVD

dywan

kanapa

4

krzesło

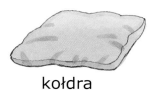
kołdra

grzebień

prześcieradło

dywanik

szafa

Sypialnia

telewizor

komoda

lustro

szczotka do
włosów

lampa

Przedpokój

obrazki

wieszak

telefon

kaloryfer

owoce

gazeta

stół

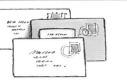
listy

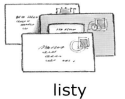
schody

Kuchnia

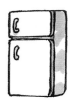

lodówka

szklanki

zegar

taboret

łyżeczki

kontakt

proszek do prania

klucz

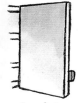

drzwiczki

zlewozmywak

odkurzacz

rondle

widelce

fartuch

deska do prasowania

śmieci

6

czajnik

noże

mop

ściereczka
do kurzu

kafelki

miotła

pralka

szufelka

szuflada

spodki

patelnia

kuchenka

łyżki

talerze

żelazko

szafka

ściereczka
do naczyń

filiżanki

zapałki

szczotka

miski

Ogród

taczka

ul

ślimak

cegły

gołąb

łopata

biedronka

pojemnik na śmieci

nasiona

szopa

konewka

dżdżownica

kwiaty

zraszacz

motyka

osa

8

pszczoła

łopatka

kość

żywopłot

widły

kosiarka

ścieżka

liście

drzewo

dym

gąsienica

grabie

gniazdo

patyki

szklarnia

trawa

wózek dziecięcy

warzywa

ognisko

gumowy wąż

9

Warsztat

śrubki

imadło

papier ścierny

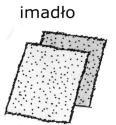
wiertarka

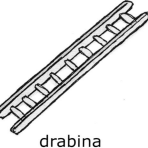
drabina

piła

trociny

kalendarz

skrzynka na
narzędzia

śrubokręt

deska

wióry

scyzoryk

10

pinezki

pająk

śruby

nakrętki

pajęczyna

beczka

mucha

siekiera

miarka

młotek

pilnik

puszka z farbą

drewno

gwoździe

warsztat pracy

słoiki

hebel

11

Ulica

 sklep

 dziura

 kawiarna

 ambulans

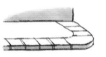 chodnik

 pomnik

 komin

 dach

 koparka

 hotel

 autobus

 mężczyzna

 radiowóz

rury

młot pneumatyczny

szkoła

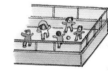 boisko

12

taksówka

przejście dla pieszych

fabryka

ciężarówka

sygnalizacja świetlna

kino

furgonetka

walec drogowy

przyczepa

dom

targ

schody

motocykl

mieszkania

rower

wóz strażacki

policjant

samochód

kobieta

latarnia uliczna

13

Sklep z zabawkami

kolejka

kostki

flet prosty

robot

naszyjnik

aparat
fotograficzny

koraliki

lalki

gitara

pierścionek

domek
dla lalek

organki

gwizdek

klocki

zamek

łódź
podwodna

trąbka

strzały

łuk

spadochron

łódź

farby do twarzy

walec drogowy

maski

samochód wyścigowy

koń na biegunach

skarbonka

kulki

marionetki

fortepian

kosmonauci

dźwig

karty do gry

bębenki

żołnierzyki

farby

rakieta

Park

huśtawki

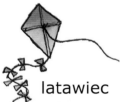

piaskownica

piknik

latawiec

lody

pies

furtka

ścieżka

żaba

zjeżdżalnia

16

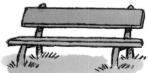

ławka

kijanki

jezioro

wrotki

krzak

 niemowlę

 deskorolka

 ziemia

 spacerówka

 huśtawka

 dzieci

 trójkołowy rowerek

 ptaki

ogrodzenie

 piłka

 jacht

sznurek

 kałuża

 kaczątka

 skakanka

 drzewa

kwietnik

łabędzie

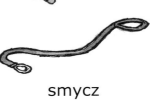 smycz

kaczki

 drzewa

Zwierzęta

panda

skrzydło

orzeł

hipopotam

małpa

nietoperz

goryl

łapy

kangur

ogon

wilk

góra lodowa

krokodyl

pingwin

niedźwiedź

pióra

pelikan

struś

delfin

żyrafa

lew

lwiątka

rogi

jeleń

wielbłąd

foka

niedźwiedź polarny

żółw

trąba

słoń

nosorożec

żubr

bóbr

koza

zebra

rekin

wąż

wieloryb

tygrys

lampart

19

Podróż

tory

lokomotywa

zderzak

wagony

maszynista

pociąg towarowy

peron

konduktor

walizka

automat
biletowy

Dworzec kolejowy

Stacja benzynowa

sygnalizacja
świetlna

plecak

reflektory

silnik

koło

akumulato

samolot

helikopter

pas startowy

wieża kontrolna

otnisko

załoga

pilot

myjnia

bagażnik

benzyna

pomoc
drogowa

dystrybutor

cysterna

klucz

opona

maska

olej

21

wiatrak

balon

motyl

jaszczurka

kamienie

lis

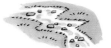
potok

drogowskaz

jeż

śluza

Wieś

góra

wiewiórka

las

borsuk

rzeka

droga

namioty

kanał

pnie

wieś

ćma

most

barka

wodospad

sowa

tunel

lisięta

kret

rybak

skały

ropucha

pociąg

przyczepa
mieszkalna

pagórek

23

stóg siana

owczarek

jagnięta

staw

kurczęta

poddasze

chlewik

byk

kurnik

traktor

Gospodarstwo rolne

kogut

gęsi

cysterna

stodoła

błoto

wóz

24

 rolnik

 pole

 kury

 cielę

 płot

 siodło

 obora

 krowa

 pług

 sad

 stajnia

 prosięta

osioł

 indyki

strach na wróble

 dom

 siano

owce

 snopki słomy

 koń

 świnie

25

Wybrzeże

żaglówka

muszelka

morze

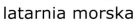
wiosło

latarnia morska

łopatka

wiaderko

rozgwiazda

zamek z piasku

parasol

flaga

marynarz

krab

mewa

wyspa

motorówka

narciarz wodny

fale

kapelusz przeciwsłoneczny

klif

statek

kajak

lina

kamyki

wodorosty

sieci

wiosło

kuter rybacki

płetwy

krem do opalania

ryba

kostium kąpielowy

tankowiec

plaża

łódka

leżak

nożyczki

2 + 2 = 4
2 + 3 = 5

równanie

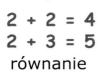

gumka

linijka

zdjęcia

flamastry

glina

farby

chłopiec

ołówek

Szkoła

tablica

biurko

28

książki

pióro

klej

kreda

rysunek

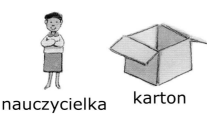
kosz na śmieci

nauczycielka

karton

mapa

pędzel

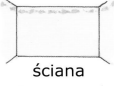
sufit

ściana

podłoga

zeszyt

alfabet

odznaka

akwarium

papier

żaluzje

a ą b c ć d e ę f
g h i j k l ł m n ń
o ó p q r s ś t u
v w x y z ż ź

2+2=4
2+3=5

klamka

roślina

globus

dziewczynka

kredki

lampa

tablica na stojaku

29

Szpital

pielęgniarz

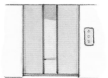
wata

lekarstwo

winda

szlafrok

kule

pigułki

taca

zegarek na rękę

termometr

zasłona

jabłko

gips

bandaż

wózek inwalidzki

układanka

lekarka

strzykawk

30

Lekarz

pantofle

komputer

plaster

banan

winogrona

koszyk

zabawki

gruszka

kartki

pieluszka

laska

poduszka

koszula nocna

piżama

pomarańcza

chusteczki

komiks

poczekalnia

Przyjęcie

balon

czekolada

okulary

cukierek

okno

sztuczne ognie

wstążka

tort

prezenty

słomka

świeczka

papierowy łańcuch

zabawki

32

 mandarynka

salami

 pluszowy miś

kiełbasa

 chrupki

 kostiumy

 wiśnia

 sok owocowy

 malina

 truskawka

 żarówka

 kanapka

masło

 herbatnik

ser

 chleb

 obrus

33

Sklep

grejpfrut

marchew

kalafior

por

grzyb

ogórek

cytryna

seler

morela

melon

torba na zakupy

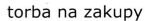

SER

OWOCE I WARZYWA

cebula

kapusta

brzoskwinia

sałata

groch

pomidor

34

jajka

 śliwka

mąka

waga

słoiki

 mięso

 ananas

 jogurt

koszyk

 butelki

torebka

portmonetka

 pieniądze

puszki

 ziemniaki

szpinak

 fasola

 kasa

 dynia

 wózek

35

Jedzenie

śniadanie

obiad

jajko na miękko

grzanki

dżem

kawa

jajko sadzone

śmietanka

mleko

płatki zbożowe

gorąca czekolada

cukier

miód

sól

pieprz

herbata

czajnik

naleśniki

bułki

kolacja

szynka

zupa

omlet

sałata

pałeczki

hamburger

kurczak

ryż

sos

spaghetti

purée ziemniaczane

pizza

frytki

deser

Ja

głowa

włosy

twarz

brew

oko

nos

policzek

usta

wargi

zęby

język

broda

ramię

łokieć

brzuch

uszy

szyja

barki

palce

stopa

noga

kolano

klatka
piersiowa

plecy

pośladki

ręka

kciuk

palce

Moje ubranie

skarpetki

majtki

podkoszulek

spodnie

dżinsy

T-shirt

spódnica

koszula

krawat

szorty

rajstopy

sukienka

sweter

bluza
sportowa

zapinany
sweter

szalik

chusteczka

buty
sportowe

buty

sandały

kalosze

rękawiczki

pasek

sprzączka

zamek
błyskawiczny

sznurowadło

guziki

dziurki do
guzików

kieszenie

płaszcz

kurtka

czapka

kapelusz

39

Ludzie

aktor aktorka

kucharz

tancerze

śpiewacy

astronauta

rzeźnik

policjant

policjantka

stolarz

strażak

artysta malarz

sędzia

mechanicy

40

kierowca
ciężarówki

kierowca
autobusu

fryzjer

dentysta

płetwonurek

kelner   kelnerka

listonosz

malarz

piekarz

Rodziny

ciotka   wujek

dziadek

syn
brat

córka
siostra

matka
żona

ojciec
mąż

zwierzę
domowe

kuzyn

babcia

Czynności

uśmiechać się

płakać

myśleć

słuchać

śmiać się

łapać

rzucać

zbić

malować

pisać

rąbać

ciąć

jeść

rozmawiać

kopać

nosić

pić

robić

skakać

tańczyć

myć

robić na drutach

czołgać się

grać

oglądać

wspinać się

brać

skakać

bić się

spać

szyć

czekać

gotowač

ukrywać się

czytać

kupować

pchać

śpiewać

dmuchać

ciągnąć

zamiatać

zbierać

upadać

chodzić

biegać

siedzieć

43

Przeciwieństwa

dobry

zły

góra

dół

gruby

szczupły

mało

dużo

daleko

blisko

zimny

gorący

brudny

czysty

otwarty

zamknięty

pierwszy

ostatni

mokry

suchy

nad

pod

mały

duży

lewy

na zewnątrz

w środku

łatwy

trudny

pusty

pełny

miękki

twardy

przód

wysoko

wolno

szybko

tył

nisko

długi

krótki

martwy

żywy

ciemny

jasny

stary

na górze

prawy

nowy

na dole

45

Dni

poniedziałek

wtorek

środa

czwartek

piątek

sobota

niedziela

kalendarz

poranek

wieczór

słońce

noc

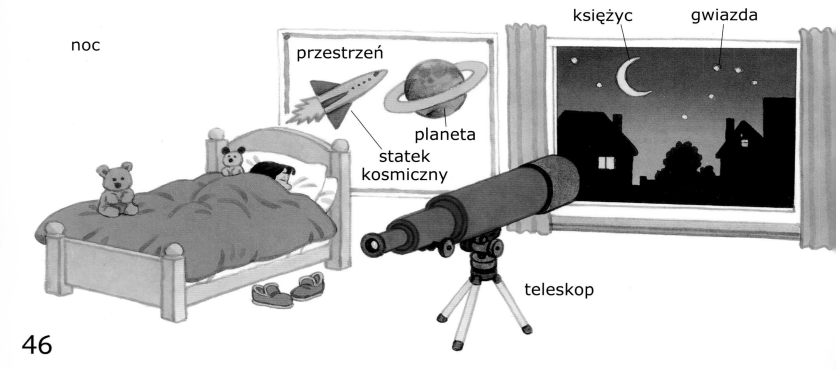

przestrzeń

księżyc

gwiazda

planeta

statek
kosmiczny

teleskop

Dni świąteczne

urodziny

świeczka

kartka urodzinowa

prezent

tort urodzinowy

wakacje

dzień ślubu

goście

aparat fotograficzny

druhna

panna młoda

pan młody

fotograf

Boże Narodzenie

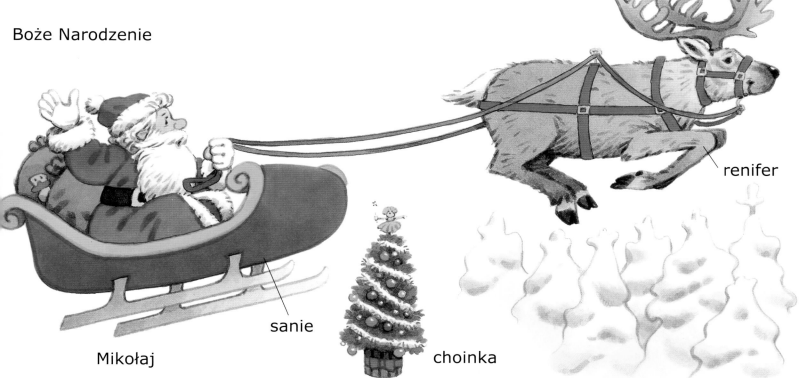

renifer

sanie

Mikołaj

choinka

Pogoda

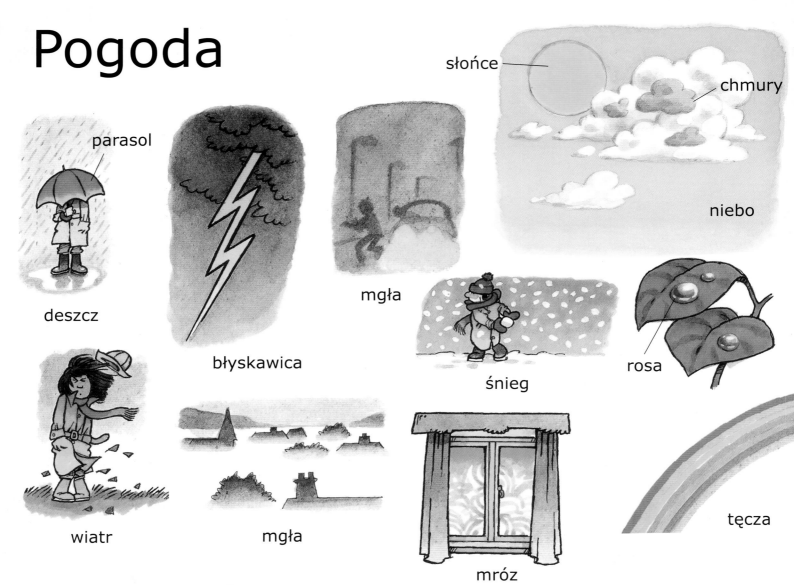

słońce

chmury

niebo

parasol

deszcz

błyskawica

mgła

śnieg

rosa

wiatr

mgła

mróz

tęcza

Pory roku

wiosna

lato

jesień

zima

Zwierzęta domowe

chomik

weterynarz

psia buda

świnka morska

pies

papużka

szczeniak

jedzenie

papuga

dziób

królik

kanarek

klatka

kot

koszyk

mysz

kociak

mleko

złote rybki

Sport i ćwiczenia

żagiel

wioślarstwo

snowboarding

żeglarstwo

windsurfing

koszykówka

rakieta

krykiet

karate

kij
basebolow

tenis

futbol
amerykański

gimnastyka

piłka

wędka

taniec

baseball

wędkarstwo

przynęta

rugby

nurkowanie

pływalnia

bieg

pływanie

łucznictwo

tarcza

latanie lotnią

hełm

bieganie

kolarstwo

wspinaczka

judo

koń

kucyk

szafka

piłka
nożna

jazda konna

przebieralnia

badminton

tenis stołowy

łyżwy

łyżwiarstwo

kijek
narciarski

wyciąg
krzesełkowy

narta

narciarstwo

sumo

51

Kolory

pomarańczowy

zielony

czarny

szary

czerwony

brązowy

różowy

biały

niebieski

fioletowy

żółty

Kształty

prostokąt

koło

romb

stożek

gwiazda

sześcian

owal

trójkąt

kwadrat

półksiężyc

Liczby

1 jeden

2 dwa

3 trzy

4 cztery

5 pięć

6 sześć

7 siedem

8 osiem

9 dziewięć

10 dziesięć

11 jedenaście

12 dwanaście

13 trzynaście

14 czternaście

15 piętnaście

16 szesnaście

17 siedemnaście

18 osiemnaście

19 dziewiętnaście

20 dwadzieścia

Wesołe miasteczko

karuzela

wata cukrowa

karuzela

zjeżdżalnia

kolejka strachu

prażona
kukurydza

mata

samochody elektryczne

rzucanie
pierścieniami

kolejka górska

Cyrk

linoskoczek

tyczka

trapez

lina

drabina
sznurowa

siatka
zabezpieczająca

akrobata

królik

akrobaci

treser

pies

cylinder

kuglarz

obręcz

kokarda

orkiestra

woltyżerka

klown

Word list

In this list, you can find all the Polish words in the book, listed in alphabetical order. Next to each one, you can see its pronunciation (how to say it) in letters *like this*, and then its English translation.

About Polish pronunciation
Read the pronunciation guide as if it were an English word, but try to remember the following points about how Polish words are said.

- The part of the word in bold type, *__like this__*, is the part you stress
- *kh* sounds like the **ch** in the Scottish word **loch**
- *g* is always a hard sound, like the **g** in **get**
- *i* is a sound in between the **i** in **chip** and the **ee** in **cheese**
- *y* is like the **y** in **yet**, except at the end of a word where it is like the **y** in **city**
- *zh* is like the **s** in **treasure**

A

akrobaci	*akro**bach**i*	acrobats
akrobata	*akro**bat**a*	acrobat
aktor	*ak**tor***	actor
aktorka	*ak**tor**ka*	actress
akumulator	*akoomoo**lator***	battery
akwarium	*ak**var**eeoom*	aquarium
alfabet	*al**fa**bet*	alphabet
ambulans	*am**boo**lans*	ambulance
ananas	*a**nan**as*	pineapple
aparat fotograficzny	*a**par**at fotogra**feech**ny*	camera
artysta malarz	*ar**tees**ta malarz*	artist
astronauta	*astro**now**ta*	astronaut
autobus	*ow**toe**bus*	bus
automat biletowy	*ow**toe**mat bile**tov**y*	ticket machine

B

babcia	*__bab__cha*	grandmother
badminton	*bad__meen__ton*	badminton
bagażnik	*ba__gazh__nik*	boot (car)
balon	*__bal__on*	balloon, hot-air balloon
banan	*__ban__an*	banana
bandaż	*__ban__dazh*	bandage
barka	*__bar__ka*	barge
barki	*__bar__ki*	shoulders
baseball	*__base__ball*	baseball
beczka	*__bech__ka*	barrel
benzyna	*ben__zeen__a*	petrol
bębenki	*bem__ben__ki*	drums
biały	*__byow__y*	white
bić się	*__beech__ sheh*	fight
biedronka	*bye__dron__ka*	ladybird
bieg	*__byeg__*	race
biegać	*__byeg__ach*	to run
bieganie	*bye__gan__ye*	jogging
biurko	*__byoor__ko*	desk
blisko	*__blees__ko*	near
bluza sportowa	*__bloo__za spor__tov__a*	sweatshirt
błoto	*__bwo__toe*	mud
błyskawica	*bwiska__veet__sa*	lightning
boisko	*bo__yees__ko*	playground
borsuk	*__bor__sook*	badger
Boże Narodzenie	*__bozh__e naro__dzen__ye*	Christmas Day
bóbr	*__boobr__*	beaver
brać	*__brach__*	to take
brat	*__brat__*	brother
brązowy	*bron__zov__y*	brown
brew	*__brev__*	eyebrow
broda	*__bro__da*	chin
brudny	*__brood__ny*	dirty

brzoskwinia	*bshosk**veen**ya*	peach
brzuch	*__bshookh__*	tummy
bułki	*__boow__ki*	(bread) rolls
butelki	*boo**tel**ki*	bottles
buty	*__boo__ty*	shoes
buty sportowe	*__boo__ty spor**tove***	trainers
byk	*__bik__*	bull

C

cebula	*tse**bool**a*	onion
cegły	*__tseg__wy*	bricks
chleb	*__hleb__*	bread
chlewik	*__hlev__ik*	pigsty
chłopiec	*__hwop__yets*	boy
chmury	*__hmoo__ry*	clouds
chodnik	*__hod__neek*	pavement
chodzić	*__hod__jeech*	to walk
choinka	*ho**yeen**ka*	Christmas tree
chomik	*__hom__eek*	hamster
chrupki	*__hroop__ki*	crisps
chusteczka	*hoo**stech**ka*	handkerchief
chusteczki	*hoo**stech**ki*	tissues
ciąć	*__chonch__*	to cut
ciągnąć	*__chon__gnonch*	to pull
cielę	*__chel__eh*	calf
ciemny	*__chem__ny*	dark
ciężarówka	*chenzha**roof**ka*	lorry
ciotka	*__chot__ka*	aunt
córka	*__tsoor__ka*	daughter
cukier	*__tsoo__kyer*	sugar
cukierek	*tsoo**kyer**ek*	sweet
cylinder	*tsi**leen__der*	top hat
cyrk	*__tsirk__*	circus
cysterna	*tsi**ster**na*	tanker, gas tanker
cytryna	*tsi**treen**a*	lemon
czajnik	*__chay__neek*	kettle, teapot
czapka	*__chap__ka*	cap
czarny	*__char__ny*	black
czekać	*__chek__ach*	to wait
czekolada	*cheko**lad**a*	chocolate
czerwony	*cher**von**y*	red
czołgać się	*__chow__gach sheh*	crawl
czternaście	*chter**nash**che*	fourteen
cztery	*__chter__y*	four
czwartek	*__chwar__tek*	Thursday
czynności	*chini**nosh__chi*	actions
czysty	*__chis__ty*	clean
czytać	*__chi__tach*	to read

Ć

ćwiczenia	*chvee**chen**ya*	exercise
ćma	*__chma__*	moth

56